D1476408

Ópatas, tarahumaras, yaquis y seris

Los indígenas de Aridoamérica

DISCARDED FROM
GARFIELD COUNTY
LIBRARIES

Garfield County Libraries
Carbondale Branch Library
320 Sopris Avenue
Carbondale, CO 81623
(970) 963-2889 • Fax (970) 963-8573
www.GCPLD.org

Ópatas, tarahumaras, yaquis y seris
Los indígenas de Aridoamérica
Lorena Gutiérrez Schott

Segunda edición: Producciones Sin Sentido Común, 2018
Primera edición: Producciones Sin Sentido Común y Consejo Nacional
para la Cultura y las Artes, 2013

D. R. © 2018, Producciones Sin Sentido Común, S. A. de C. V.
    Pleamares 54, colonia Las Águilas,
    01710, Álvaro Obregón,
    Ciudad de México

Texto © Lorena Gutiérrez Schott
Ilustraciones © Aleida Ocegueda

ISBN: 978-607-8469-56-7

Impreso en México

Prohibida su reproducción por cualquier medio
mecánico o electrónico sin la autorización escrita
del editor o titular de los derechos.

Ópatas, tarahumaras, yaquis y seris
Los indígenas de Aridoamérica

Lorena Gutiérrez Schott

Ilustraciones de Aleida Ocegueda

NOS
TRA
EDICIONES

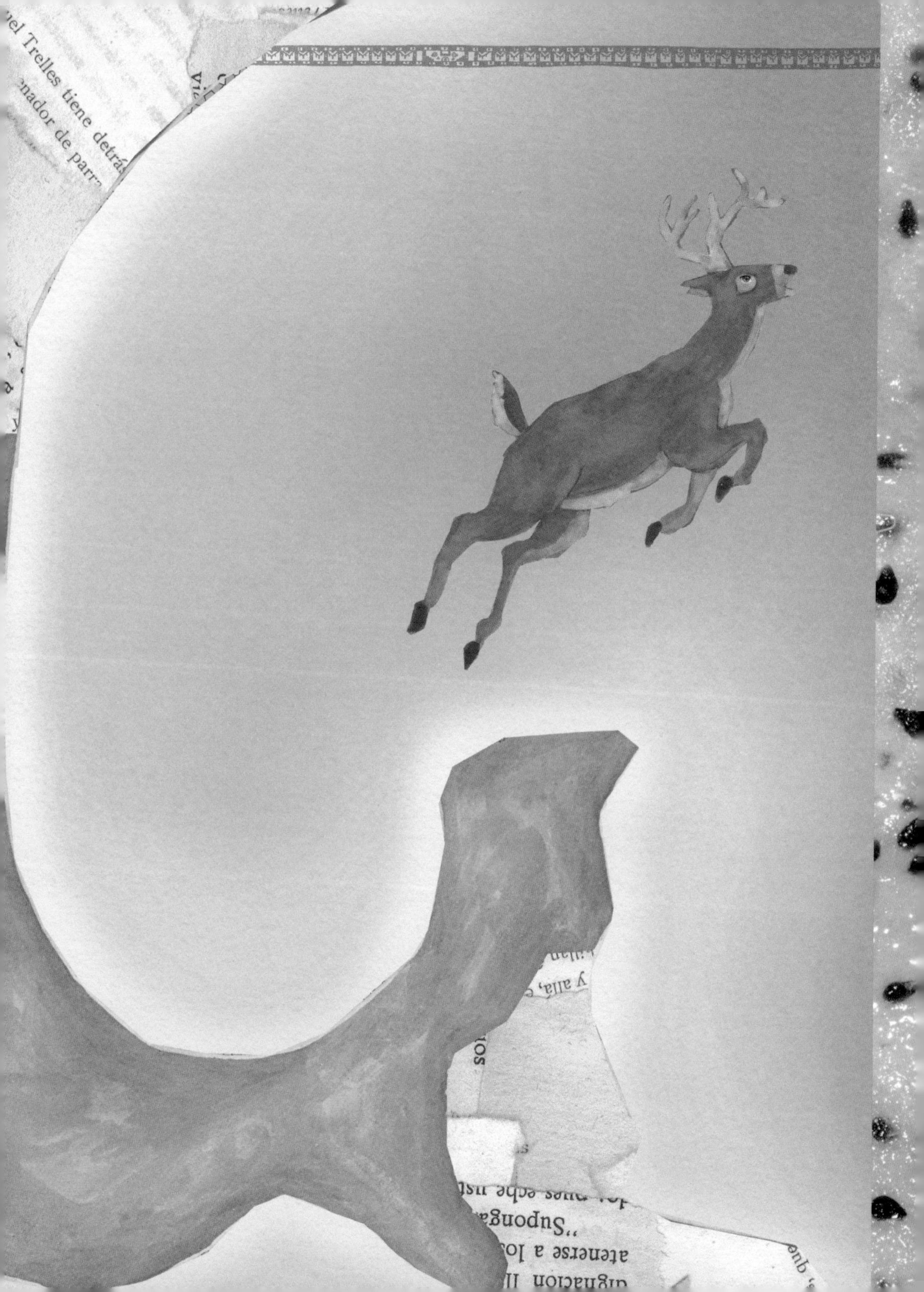
uel Trelles tiene detrás
nador de parra

ÍNDICE

su hijo; pe...
...mulo é inquieto po...
tan amante del prestigio

...día y pasaron muc...
...e una palabra...
...silencio entris...
...eía una vez...
...uella mad...
...advenedi...
...bía n...

...sta...
...unos...
...á hasta...
...por unos...
...que hasta...

...n, gor-
...ajo,

Introducción

HASTA HACE POCO MÁS DE CIENTO CINCUENTA AÑOS, EL TERRITORIO
NORTE DE MÉXICO SE EXTENDÍA MUCHOS MILES DE KILÓMETROS
MÁS ALLÁ DE NUESTRA ACTUAL FRONTERA CON ESTADOS UNIDOS.
EN ESA ENORME REGIÓN FLORECIERON MUY VARIADOS PUEBLOS INDÍGENAS,
ANTES DE QUE LOS ESPAÑOLES Y OTROS EUROPEOS LLEGARAN
A ESTA PARTE DEL CONTINENTE AMERICANO. EN OCASIONES SE TRATABA
DE PEQUEÑOS GRUPOS DE INDIVIDUOS, Y EN OTRAS, DE VARIOS MILES DE
HOMBRES, MUJERES Y NIÑOS AGRUPADOS EN UNA SOLA COMUNIDAD. TODOS
ESTOS INDÍGENAS CONSTITUÍAN UN MAPA MUY EXTENSO EN ESTAS REGIONES.

Los habitantes del norte tenían características que los diferenciaban entre sí,
como las distintas lenguas que hablaban, pero habitaron un territorio común en
el que llovía poco y escaseaban las fuentes naturales de agua, como manantiales,
pozas o ríos. Sin embargo, estos grupos de indígenas lograron desarrollarse a pesar
de las condiciones inhóspitas de estas tierras semidesérticas o desérticas.

Las extensas llanuras áridas que distinguen el norte de México, en las que abundan especies de fauna y vegetación adaptadas a esas condiciones, se caracterizan por tener climas extremos; la temperatura sube hasta más de 45 °C durante el día, y por la noche se puede sentir un frío intenso. En esa vasta región, que para muchas personas puede parecer hostil, habitaron grupos de nómadas o seminómadas y también tribus sedentarias.

Los nómadas vivían de la caza, la pesca, cuando encontraban algunos riachuelos, o de la recolección de frutas y plantas silvestres; se movían continuamente de lugar, recorriendo zonas muy extensas en busca de alimentos, y como para ellos no era necesario construir algún tipo de vivienda permanente, generalmente buscaban refugio entre los escasos matorrales o en cuevas.

En cambio, en las regiones en las que había arroyos, lagunas temporales, o cruzaba algún río, los pueblos sedentarios practicaban la agricultura, criaban animales de corral y construían casas con paredes de lodo. Los sedentarios se asentaban en aldeas o pueblos y tenían una organización social más compleja. Algunos cultivos, como el del algodón, les permitían practicar el tejido y disponer de telas para vestirse y para el trueque e intercambio con otros grupos. Todos los habitantes de estas zonas eran muy hábiles en el manejo del arco y la flecha, que utilizaban principalmente para su defensa y la caza de animales.

De estos numerosos pueblos indígenas quedan hoy muy pocos. En algunos estados del norte del país, como Coahuila o Nuevo León, desaparecieron por completo. Entre otras razones, porque a raíz de la llegada de los españoles a México durante el siglo XVI, los indígenas norteños se negaron a asumir un estilo de vida que poco tenía que ver con sus hábitos nómadas. Otro aspecto que motivó su desaparición fue la esclavitud. Varios de aquellos hombres eran físicamente muy fuertes, y muchos fueron obligados a trabajar hasta la muerte. Otros no pudieron sobrevivir a las enfermedades que los europeos trajeron consigo, ya que no estaban protegidos para enfrentarlas; además, una serie de confrontaciones violentas los fueron aniquilando a través del tiempo.

EL IMPONENTE DESIERTO

"Y el viajero que visite el Norte, si tiene 'otros ojos', quedará admirado ante las obras de aquellos guerreros, y ante el desierto, que es como el mar, infinito, majestuoso, espectacular, misterioso, acogedor y también amenazador."

Beatriz Braniff

Las costumbres de algunos pueblos desaparecidos se han perdido irremediablemente, pero otros lograron resistir la pobreza, violencia y enfermedades al paso del tiempo. Los pueblos norteños no dejaron registros escritos, y lo que sabemos sobre su vida y sus costumbres se debe a excavaciones arqueológicas y las crónicas escritas de los primeros religiosos y militares españoles que entraron en contacto con ellos y que describieron sus hábitos; cómo se vestían o si iban desnudos, qué comían, cómo eran sus casas y cultivos, y muchas otras características que los distinguían de otras tribus.

La Gran Chichimeca

LOS MEXICAS, EL GRUPO INDÍGENA MÁS PODEROSO CUANDO LOS ESPAÑOLES LLEGARON A LO QUE HOY ES MÉXICO, NOMBRABAN A LAS TRIBUS QUE VIVÍAN AL NORTE DE SU IMPERIO COMO CHICHIMECAS, Y A LA REGIÓN EN LA QUE HABITABAN COMO LA *CHICHIMECATLALLI*, O TIERRA DE LOS CHICHIMECAS. NO HAY UN ACUERDO SOBRE EL SIGNIFICADO DE LA PALABRA *CHICHIMECA*; ALGUNOS HISTORIADORES CREEN QUE QUIERE DECIR "PERRO SUCIO" O "PERRO SIN CORREA", PERO TAMBIÉN "BÁRBARO Y SALVAJE". EN CUALQUIER CASO, SE TRATA DE UN TÉRMINO DESPECTIVO.

Los mexicas eran un pueblo civilizado, con una rica tradición religiosa, artística y filosófica. Ellos, que eran agricultores por excelencia, pensaban que las áridas tierras norteñas no podían dar frutos y creían que sus pobladores pasaban la vida vagando de un lado a otro, sin rumbo fijo, y haciendo la guerra a sus vecinos.

Lo que en realidad sucedía era que en el norte vivía gente con modos de subsistencia y orígenes diferentes. Eran hombres tenaces y decididos, que se habían adaptado a un medio árido y hostil, que aprovechaban al máximo los recursos disponibles y que en ocasiones tenían enfrentamientos y rivalidades. Pero no eran bárbaros ni salvajes, sólo eran diferentes a los mexicas.

Actualmente, los arqueólogos, historiadores y etnólogos usan la palabra chichimeca para referirse tanto a los pueblos nómadas como a los sedentarios que habitaban el norte de México, y la Gran Chichimeca es un enorme territorio que abarca desde lo que ahora es Querétaro, parte de San Luis Potosí, Tamaulipas, Guanajuato, Zacatecas y Durango, en el sur, hasta Chihuahua, Arizona, Nuevo México y la parte meridional de Utah y Colorado, en el norte. En la Gran Chichimeca vivía "la gente del norte", tal y como decían los mexicas.

Durante la era geológica conocida como Pleistoceno, que inició hace cerca de dos millones de años y terminó hace unos diez mil años, grandes extensiones del planeta se cubrieron de hielo, pero al finalizar la última glaciación, cuando aumentó la temperatura global del planeta en épocas remotas, se extinguieron en la Tierra muchos mamíferos como el mamut, el camello, el buey almizclero, el *Bison anticus* y diversas especies de plantas. En el norte del continente americano algunos grupos de cazadores-recolectores se establecieron en lo que se denomina la Gran Chichimeca.

LOS CHICHIMECAS

Grandes guerreros nómadas,
cuyas armas eran arcos y flechas,
solían vestir pieles de animales,
vivir en cuevas y comer la carne cruda
de los animales que cazaban.

Estos grupos tuvieron que adaptarse a
vivir en un ambiente más cálido, así como
a la cacería de especies nuevas de animales,
y la recolección de diferentes plantas.

Durante el periodo conocido como Arcaico, que inició hace aproximadamente diez mil años, después del calentamiento global, los hombres del norte tuvieron que adaptarse a largas temporadas de sequía, necesitaban encontrar mantos de agua permanentes y excavar profundos pozos en los lechos de algunos arroyos. Fue entonces que apareció la cerámica; diseñaron ollas y recipientes para recolectar el agua de lluvia y para recoger y almacenar semillas que luego molían y procesaban.

Los cazadores eran muy hábiles en el uso de herramientas de piedra, en especial puntas de proyectil para los dardos y lanzas, y se servían del *átlatl* o lanzadardos, así como de cuchillos y raspadores.

Algunas tribus empezaron a experimentar con cultivos de granos y plantas comestibles, y se establecieron en lugares definidos; otros, los que vivían en las regiones más áridas y calientes, siguieron siendo nómadas o seminómadas hasta su extinción.

Durante el llamado periodo Formativo situado entre el año 1500 y 300 antes de nuestra era, los hombres comenzaron a establecerse en pueblos sedentarios y a formar sociedades más complejas. Aparecieron las primeras aldeas, que en algunas regiones coincidieron con la introducción de la agricultura mesoamericana. Tanto las aldeas como la agricultura fueron avances muy importantes para el desarrollo de estos pueblos.

Los historiadores llaman Mesoamérica
a una zona indígena que se encontraba en
lo que hoy es el centro y sur de México, además
de parte de Centroamérica y América del Sur.
En ese territorio, el clima y las tierras eran
mucho más benéficos para la agricultura que en
Aridoamérica, donde vivían los chichimecas
en aldeas más o menos organizadas. Para
ellos era una hazaña cotidiana el dominio
de su entorno, pero a pesar del clima extremo
y las tierras áridas, estos pueblos indígenas
lograron aprovechar su medio ambiente y
proveerse de lo necesario sin tener que viajar
constantemente en busca de agua y alimentos.

Entre los siglos I y XII, algunos grupos mesoamericanos colonizaron una
amplia zona de la Gran Chichimeca, a la que se conoce como Mesoamérica
septentrional o del norte. Los mesoamericanos se aventuraron más allá de su
frontera norteña, hasta el oeste de Zacatecas, en un corredor comprendido
entre la Sierra Madre Oriental y la meseta central de México. En ese territorio
surgió la cultura chalchihuites, del choque entre los agricultores del sur y los
grupos nómadas nativos de la región.

La nación chichimeca

Fue siempre la más valiente y guerrera
que se conoció en la Nueva España.
Ni siquiera los antiguos mexicanos,
ni su Emperador Moctezuma, quien
rindió a muchos ejércitos, reyes y
naciones, lograron doblegar a los
chichimecas en todo el tiempo
que duró el Imperio Mexica.

La siembra de maíz, frijol
y calabaza fue la principal
actividad de estas tribus,
sin embargo, las dos culturas
indígenas, chalchihuites
y nómadas, vivían en un
estado de guerra continuo.
Tiempo después, entre
los años 900 y 1300, algunos
chalchihuites emigraron hacia
el norte, y otros hacia el sur,
dejando tras de sí diversas
huellas arqueológicas de su
paso por la Gran Chichimeca.

En la región noroeste de México florecieron cuatro tradiciones culturales, a las que los arqueólogos dieron los nombres de hohokam, anazasi, mogollón y paquimé. Se trataba de pueblos de agricultores sedentarios.

Los hohokam se asentaron en desiertos tan extremosos y con tan poca vegetación como los de Arizona y Sonora. Se alimentaban de liebres, conejos, ardillas, ratas y otros mamíferos pequeños. Cultivaban el bule o guaje, que utilizaban como utensilio para la comida, se servían del nopal, el saguaro y el agave, fabricaban objetos de cerámica y, con conchas, hacían anillos, pendientes y brazaletes.

Los hohokam lograron un desarrollo muy importante. Construyeron una amplia red de canales de agua para el cultivo de maíz, maguey, frijol y tabaco. En algunos sitios arqueológicos hohokam, incluso se han encontrado juegos de pelota como los que había en Mesoamérica, lo que nos habla de una organización social ya muy asentada. Según los arqueólogos, es probable que estos hombres hayan sido los ancestros de los pimas y los pápagos, otros grupos indígenas que viven actualmente en Arizona y Sonora.

Los anazasi vivían en lo que ahora son los estados de Arizona, Nuevo México, Utah y Colorado, en Estados Unidos. Esta región destaca por sus objetos de cerámica y mimbre, con dibujos de insectos y animales. Se cree que otros grupos indígenas podrían descender de estos pueblos anazasi como los zuñi, que viven actualmente en Nuevo México y son famosos por las hermosas piezas de joyería y artesanía que fabrican con plata y turquesas, y los hopi que habitan en la meseta central de Estados Unidos, sobre todo en Arizona, y son muy hábiles en la fabricación de cestas y la elaboración de miniaturas esculpidas.

Costumbres

Las mujeres chichimecas parían en los campos a cielo descubierto; cuando sentían los primeros dolores se iban solas a las orillas del río, donde nacían sus hijos. Y luego se levantaban y seguían su camino a pie, cargando a sus niños en guacales, donde crecían fuertes y sanos.

La cultura mogollón se desarrolló en Nuevo México, el oeste de Texas, Chihuahua y Sonora. Estos hombres se asentaban en casas que se encontraban al borde de grandes acantilados, en la parte alta de los desiertos, o mesetas elevadas que les permitían observar sus cosechas.

Complementaban su alimentación con la caza y la recolección, y elaboraban piezas de cerámica con dibujos estilizados de plantas y animales. Los arqueólogos creen que los mogollón también podrían estar relacionados con los actuales pueblos hopi y zuñi.

La cultura paquimé se desarrolló en el oeste de Chihuahua, sobre todo en un lugar conocido como Casas Grandes. Hasta el día de hoy, no se sabe bien si este sitio era un poblado o centro ceremonial. También es muy probable que los habitantes originales de ese sitio lo hubieran abandonado mucho tiempo antes de que los españoles llegaran, y que otros grupos indígenas de la región ocuparan aquellas construcciones, que incluso tenían un sistema de riego. Estos hombres practicaban la agricultura y construían casas de adobe semisubterráneas con puertas en forma de "T". Cuando los españoles llegaron a esa región se encontraron con indios que se llamaban a sí mismos jovas.

Las rutas de intercambio entre las diversas tradiciones culturales del norte y del sur de la Gran Chichimeca, tanto nómadas como sedentarias, permitieron el intercambio de objetos como plumas, turquesas, conchas, herramientas, piezas de cerámica y utensilios. Pero las relaciones comerciales también permitieron un intercambio de ideas y de la forma de ver el mundo entre los diversos pueblos indígenas que habitaban a lo largo y ancho del norte de México.

HÁBILES ARQUEROS

Los chichimecas eran grandes maestros con el arco. Apenas aprendían a caminar, recibían su primer arco; con el que se entretenían primero matando moscas y otros insectos, y después aves y pajarillos cuando eran un poco mayores. Eran tan hábiles que podían darle tantas veces a una naranja hasta convertirla en pequeños trocitos.

De algunos de esos pueblos nos han llegado noticias gracias a la información que recabaron los primeros españoles que visitaron sus tierras. Fray Juan de Torquemada y José Arlegui, frailes franciscanos, y Andrés Pérez de Ribas, misionero jesuita, escribieron crónicas sobre su contacto con las tribus del norte, o sobre lo que sus informantes indígenas les contaban acerca de los chichimecas.

Entre estos pueblos se encuentran los tarahumaras, tepehuanes y pimas bajos que habitaban en lo que hoy es el estado de Chihuahua; los yaquis y mayos, pimas altos y bajos, ópatas y pápagos, en Sonora, y los tepehuanes también en Durango, Nayarit y Jalisco. Los seris vivían en el litoral del municipio de Hermosillo y en la isla del Tiburón, en Sonora.

Ópatas

ESTOS HOMBRES SE LLAMABAN A SÍ MISMOS HEVES O TEGÜIMAS, PERO HISTÓRICAMENTE SE LES CONOCE COMO ÓPATAS, PALABRA QUE DERIVA DEL VOCABLO PIMA *OBAGG'ATA* Y SIGNIFICA "TENER ENEMIGO".

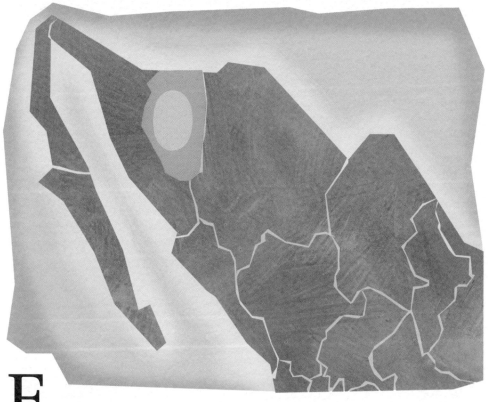

El grupo ópata comprendía las tribus de los jovas, eudeves, tegüimas y conguinachis. Su territorio se extendía desde la Sierra Madre Occidental, al oeste de Casas Grandes en Chihuahua, hasta gran parte del centro y oriente de Sonora.

Eran sedentarios, se asentaban en tierras fértiles, cerca de los ríos, y se congregaban en comunidades agrícolas, conviviendo en algunas ocasiones con los pimas; construían casas permanentes de adobe y cantera.

Algunos grupos seminómadas de jovas se congregaban en rancherías dispersas en los cerros y barrancas de la sierra, al margen de las tierras de los tegüimas y los eudeves, que eran las más productivas. Esa tribu vivía de la caza y la recolección y sembraba algunos cultivos efímeros de temporal.

Los ópatas desarrollaron técnicas de cultivo con riego, lo que significaba un gran avance para los indígenas de esa zona, ya que la mayoría de las veces se encontraban a merced del terrible clima. Sembraban en los lechos de los arroyos y las terrazas naturales que se formaban en las faldas de los cerros, aprovechando el agua de la lluvia. Además, habían adoptado una tecnología sencilla que les permitía canalizar la corriente de los ríos para acercar el agua a sus sembradíos.

Eran muy trabajadores y laboriosos en el cultivo de sus tierras y en la cría de ganado; sembraban maíz, frijol, algodón, calabazas, melones y sandías. Complementaban su alimentación con plantas y frutos silvestres: quelites, verdolagas, tunas, nopales, pitahayas, higos, uvalamas y garambullos.

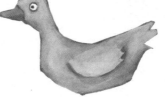

Al igual que muchas otras tribus norteñas, aprovechaban el maguey, el mezcal, la pita o la lechuguilla, que son algunos de los nombres con los que se conoce a un grupo de plantas del género *Agave*, características de climas semisecos. De las pencas de estas plantas, los indios extraían una fibra que usaban para elaborar hilos, cuerdas, tapetes y redes; empleaban sus espinas como agujas y punzones; comían las flores, y producían vino, vinagre y miel.

Utilizaban redes para la pesca de bagre, lisa, mojarras, camarones de río y cangrejos, y el arco y la flecha para cazar conejos, ardillas, liebres, venados, ratas y algunas aves como las codornices, garzas, cigüeñas, guajolotes y patos.

ANIMALES PONZOÑOSOS Y VENENOSOS

No temían ni a las víboras y culebras, ni animales ponzoñosos; en cambio las atrapaban, cosían sus bocas y las utilizaban en sus fiestas como adorno de sus brazos o cuerpo. Si por accidente alguna los mordía, mascaban al atacante hasta romperle los huesos, pues creían que así evitarían la muerte por envenenamiento... pero no sucedía.

Las mujeres se dedicaban a la elaboración de tejidos de algodón, utilizando para ello un telar rústico hecho de palos de madera. En el cultivo y la cría de ganado participaban tanto los hombres como las mujeres, haciendo estas últimas los trabajos menos difíciles, y si estaban embarazadas, se quedaban en casa a preparar comidas elaboradas a base de maíz como el pozole, el esquite o el pinole.

Los hombres llevaban una manta pintada que les cubría de la cintura a la rodilla, y en época de frío usaban unas mantas largas de algodón y pita. Las mujeres vestían corpiños bordados y faldines largos de pieles bruñidas. Usaban las plumas de los halcones y las guacamayas para adornarse, así como la piel de los venados para confeccionar las faldas. Además, se adornaban con aretes, pulseras y gargantillas, y se pintaban el cuerpo.

LOS JUEGOS

"Entre [sus juegos] sobresalen
el *hóquidauh*, el *uso-hóquidauh*
(juego de niños) que se jugaba
con palillos; el lugar del juego se
denominaba *usihóquidagua*;
el *patole*; el *boquimavi* (juego de
carreras); el *cató* (juego de pelota
de las mujeres), el *simaquéuoídauh*
(carreras sobre una explanada en
la que competían dos partidos,
aventándose un objeto con el pie
hasta llegar a la meta), y los juegos
de apuestas."

Isabel Verdugo de Juárez,
"Sonora" en *Visión histórica
de la frontera norte*.

Con el maíz y otros cultivos que les sobraban y con las mantas
de algodón hacían intercambios con algunos grupos indígenas de
la región, de los que recibían turquesas, conchas, utensilios
de cerámica y otros productos. Practicaban la cestería y la alfarería
y producían instrumentos musicales como sonajas de guaje,
silbatos, flautas y tambores.

Tenían curanderos que usaban plantas medicinales para curar las enfermedades. Los ópatas no adoraban ídolos ni tenían dioses ni altares ni ningún tipo de culto. Los ancianos, que ejercían como magos o curanderos, les enseñaban a respetar la naturaleza y a sacar el mayor provecho de los recursos de que disponían.

REMEDIOS NATURALES

Debido a que recorrían largas distancias a pie, en ocasiones sufrían accidentes que requerían de algún remedio. Para lo cual solían sajarse las piernas con filosos pedernales para sacar la sangre molida y negra; así aliviaban su dolencia y podían seguir caminando.

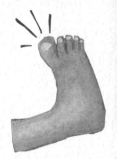

Canibalismo ritual

También gustaban de practicar el canibalismo,
pues creían que así podrían heredar las cualidades
y habilidades del dueño de la piel y la carne.

Estos grupos indígenas sí tenían algunas
ideas muy claras respecto de eventos naturales
como la vida o la muerte. Creían que el alma
sobrevivía a la muerte, y por eso colocaban
en las tumbas las armas y los vestidos de los
difuntos, así como algo de agua y de comida,
para que los muertos pudieran vivir bien
una vez que emprendían ese último viaje.

Eran moderados con la comida y la bebida y por eso gozaban de buena salud. Esto les permitía ser muy resistentes en un clima tan difícil, lo mismo que soportar largas y crueles guerras, lo que podía ocurrir varias veces a lo largo de sus vidas. Así, en ocasiones, se enfrascaban en batallas con los pimas y los cáhitas por el dominio de los valles más fértiles.

Los pimas, después de haber tenido un enfrentamiento, cortaban las cabelleras de sus oponentes, mientras que los ópatas cortaban las manos del enemigo y con ellas batían el pinole, que todos bebían. Estos actos de guerra que el día de hoy nos parecen salvajes, eran acordes a una manera de ver la vida. Los enfrentamientos violentos, en ese mundo, eran algo común, y los ritos eran una forma de entender que la guerra era parte inevitable de su existencia.

De entre todos los grupos indígenas, los ópatas fueron considerados los guerreros más valientes de las tribus de Sonora.

LA INICIACIÓN DE LOS GUERREROS

"Diversas ceremonias guerreras existían entre los ópatas. Una de ellas era la relativa a la formación de los jóvenes guerreros. En primer lugar, se exigía que el joven saliera a rastrear a sus enemigos varias veces y a escoltar por las tierras de riego. Después de este corto noviciado, el jefe guerrero del pueblo originario del pretendiente, reunía a sus hombres y nombraba a uno de sus ayudantes padrino del nuevo caballero. Éste, parándose atrás del ahijado, le ponía sus manos sobre los hombros; entonces se ponían todos los presentes de pie y el jefe iniciaba un sermón bastante largo, sobre las obligaciones que adquiría el nuevo guerrero, que en adelante tendría que estar dispuesto a sufrir hambre, sed, frío y calor; no debía temer a sus enemigos, a los cuales mataría con valentía y denuedo. Después de concluir el sermón, sacaba del carcaj una pata de águila seca y dura, rasguñándolo con ella de los hombros a las muñecas, muslos y piernas, hasta que brotara la sangre; no debía quejarse, aunque si llegaba a derramar alguna lágrima, esto no impedía que fuera armado guerrero; el jefe le ponía entonces el arco y el carcaj con las flechas en sus manos, y los testigos, junto con el padrino, le regalaban cada uno un par de flechas, recibiéndolo ya como compañero. Este ceremonial era el principio, pues aún tenía que pasar varias pruebas difíciles."

Isabel Verdugo de Juárez, "Sonora" en *Visión Histórica de la frontera norte de México*.

Tarahumaras
y tepehuanes

TARAHUMARA ES EL TÉRMINO EN CASTELLANO PARA *RARÁMURI*,
QUE SIGNIFICA "EL DE LOS PIES LIGEROS O ALADOS".

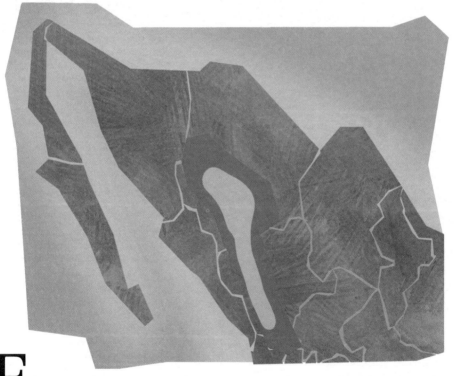

Este pueblo de hombres amables y pacíficos vive hasta el día de hoy en el suroeste de Chihuahua, en una de las partes más altas de la Sierra Madre Occidental, conocida hoy como Sierra Tarahumara. Pero hace siglos vivían al pie de la Sierra Madre, en la parte central de Chihuahua y en las barrancas y las sierras del poniente.

Algunos tarahumaras habitaban en cuevas que abundaban en la sierra, y eran de tan buen tamaño que en ellas cabía una familia numerosa; otros lo hacían en casas de piedra o a lo largo de los ríos.

Los tarahumaras se vestían con telas de pita, que extraían del agave y que apenas cubrían la desnudez de los hombres. Las mujeres, por el contrario, eran más recatadas en el vestido; además de que no se sentaban con los varones ni intervenían en sus conversaciones.

Los rarámuri se alimentaban de algunas frutas silvestres, un poco de la pesca y, sobre todo, de la caza de animales grandes y pequeños, cuyas pieles utilizaban para cubrir un poco más sus cuerpos. Eran, como muchos pueblos norteños, muy hábiles en el uso del arco y la flecha. También cultivaban maíz, calabaza, chile y algodón.

Tenían una religión primitiva que los hacía adorar al Sol y la Luna, y creían en seres buenos y malos. Entre los buenos estaban el Sol, la Luna y los brujos y hechiceros; los malos eran los señores del inframundo, causantes de la muerte y los desastres naturales.

Practicaban la poligamia y no conocían más gobierno que el de la fuerza, pues el hombre más valiente o más atrevido se convertía en jefe de la tribu, sin embargo, para tomar todas las decisiones casi siempre era asistido por un grupo de personas consideradas las más sabias entre sus integrantes.

El gobernador o principal

"Es más como procurador que no como gobernador ni capitán, etcétera, porque en lo que toca a los demás, sólo propone y cada uno hace lo que quiere. [...] Cuando el gobernador les manda algo que les es trabajoso si no es que por amor lo hagan, que por miedo y castigo no hacen cosa."

Susan M. Deeds, "Cómo historiar con poca historia..." en *Nómadas y sedentarios en el norte de México*.

Los tarahumaras se diferenciaban de otros pueblos de indios por la forma en la que enterraban a sus difuntos, pues tenían un lugar apartado que servía como cementerio, donde sepultaban los cadáveres con todas sus pertenencias y con comida para el viaje al más allá; además, quemaban o abandonaban la casa donde había muerto la persona. Los parientes guardaban luto cortándose el cabello.

RITUALES

Los rarámuris y tepehuanes creían que las almas seguían viviendo después de la muerte, pues venían a llevarse a los muertos. Por eso evitaban acercarse a los lugares donde morían o eran enterradas las personas, y organizaban fiestas y danzas para calmar a las fuerzas sobrenaturales.

Los tepehuanes eran otro grupo indígena que habitó en algunas partes de Jalisco, en Nayarit, en la zona noroeste de Durango y el sur de Chihuahua. El grupo se dividía en tres: los tepehuanes del norte, los del sur y otros más que eran conocidos con el nombre de tepecanos.

TEPEHUANES

"Tiene la nación Tepeguana escrita en su nombre su fiereza: porque se deriva su nombre de esta palabra mexicana *Tepetl*, que significa monte: o de esta palabra *Tetl* que significa piedra o peñasco; y el uno y el otro cuadra a los tepeguanes, que habitan entre montes y peñas y son de natural duro y de peñas, y como los árboles que en ellas se crían, que son encinas duras y ásperas."

Andrés Pérez de Ribas

Vivían en casas de adobe y piedra. Practicaban la agricultura con sistemas de riego y cosechaban maíz sólo una vez al año, por lo que dependían de la caza y la recolección. Vestían con mantas de algodón y pita, que también sembraban.

Los tepehuanes tenían ritos muy variados y diferentes. Muchos historiadores creen que esto se debía a que diversas poblaciones de tepehuanes habían sido parte de otras tribus indígenas y por ello practicaban diferentes ceremonias muy parecidas a las que se hacían en otros lugares. Es probable que practicaran alguna forma de canibalismo ritual. En otra de sus prácticas rituales sacrificaban un niño a un espíritu sobrenatural para salvar la vida de un adulto moribundo.

Creían que el alma se iba al monte después de la muerte; ahí, un espíritu consumía a aquellos que habían sido malvados, mientras que premiaba a los que tuvieron buenas acciones permitiéndoles marcharse a un lugar mejor. En sus ceremonias usaban peyote y mezcal o maíz fermentado, sustancias que les hacían alucinar y con ello creían estar en contacto con los espíritus.

TEMPERAMENTO

Los tepehuanes solían imponer su dominio por la fuerza e ingresar en otras poblaciones y sacar de ellas a las mujeres y doncellas que querían, llevárselas y aprovecharse de ellas.

Guachichiles, coahuiltecos, laguneros y tobosos

**En el territorio que hoy conocemos como Coahuila vivieron
y se desarrollaron cuatro pueblos de indígenas norteños:
guachichiles, coahuiltecos, laguneros y tobosos.**

Los guachichiles formaban un grupo muy numeroso que habitaba el sureste de Coahuila, incluida la zona en donde ahora se encuentra Saltillo, también se ubicaban en el noreste y sureste de Zacatecas, parte de Aguascalientes, la porción occidental de San Luis Potosí y una parte del suroeste de Nuevo León.

Este grupo indígena fue bautizado por el pueblo mexica como *guachichil*, que significa "cabeza pintada de rojo", porque los hombres llevaban tocados de plumas rojas y se pintaban el cuerpo con almagre —una arcilla rojiza natural que da mucho brillo— además, usaban bonetes de cuero pintados de rojo con aquel mismo material.

Los guachichiles eran los más belicosos, feroces y valientes de todos los chichimecas. Se decía que practicaban el canibalismo y que sometían a sus enemigos a terribles torturas. Por eso, las tribus de indios sedentarios les temían y los evitaban. Por su misma ferocidad, este grupo vivía en la extensión más grande de la zona chichimeca.

LOS GUACHICHILES

Además de gran estatura, tenían un gran estómago.
Glotones por naturaleza podían comer carne cruda o
semi cruda; tampoco hacían distinción entre caballos y
venados, cuando la carne de vaca —su preferida— escaseaba.

No sólo controlaban un territorio tan vasto, sino que incluso
solían ir de un lado a otro atacando a otras tribus. Su destreza
en la guerra los volvió tan temibles, que en plena conquista
los españoles fueron incapaces de someterlos. Para dominarlos
fue necesario convencer a varios grupos de indígenas tlaxcaltecas,
que también eran conocidos por sus grandes habilidades para
la guerra, para enfrentarse a los guerreros guachichiles.

Los coahuiltecos, por su parte, se extendían por el actual sureste de Texas, el noreste de Coahuila, casi todo Nuevo León, excepto la parte sur, y por tres cuartas partes de Tamaulipas.

Se pintaban en el cuerpo rayas y formas de distintos colores para impresionar a sus enemigos y acostumbraban raparse uno o ambos lados de la cabeza, dejando un mechón sólo en la parte superior o en la coronilla; el tocado variaba en relación con el grupo tribal al que pertenecían.

La comida en la zona era muy difícil de obtener por lo que, según algunas crónicas de los conquistadores españoles, los coahuiltecos se alimentaban incluso de lagartijas e insectos. Después de la conquista varios indígenas de estas zonas fueron esclavizados, y muchos más murieron a causa de la diversas enfermedades que los conquistadores trajeron consigo.

Los laguneros o irritilas habitaban en
el suroeste de Coahuila, en la zona conocida
como la Comarca Lagunera. Algunas crónicas
de los conquistadores muestran cierto repudio
a los irritilas porque, bajo ciertas circunstancias,
abandonaban a los ancianos y niños de sus
tribus. Al parecer, esto era más un asunto de
supervivencia que de crueldad; en las largas
travesías que los grupos emprendían por los
desiertos, eran justamente los ancianos y
los niños quienes se rezagaban, y ese atraso,
en medio del calor y la falta de comida, podía
ser terrible para todo el grupo. Al dejarlos
atrás aseguraban que un mayor número
de gente sobreviviera.

El demonio

Los indios laguneros creían que el demonio les ordenaba que hicieran mitotes para emborracharse con el peyote y que mataran a sus hijos; además, "le temían a este en los remolinos que se levantaban en el aire, y los que los veían se arrojaban en tierra, diciendo unos a otros, *Cachiripa*, nombre que daban al demonio, o al que temían y reverenciaban en aquel remolino, que ellos no sabían explicar quién fuera."

Andrés Pérez de Ribas

Otro grupo más, los tobosos, habitaba al noroeste de Coahuila y eran el grupo más nómada y salvaje. Hacían frecuentes incursiones guerreras y constantes asaltos por la región.

Estos pueblos vivían de la caza y de la recolección de frutos, semillas y raíces silvestres. También se alimentaban con tunas y pencas de nopal, y con las vainas maduras del árbol del mezquite. En invierno comían la planta de mezcal; cortaban las pencas de la lechuguilla y los corazones los cocían dentro de un hoyo en la tierra, recubierto con ramas y palos de madera. Recogían tubérculos, raíces e insectos utilizando la coa, un instrumento de madera con un extremo plano o terminado en punta, que endurecían al fuego.

Para fabricar diversos utensilios tallaban la piedra, el hueso, la madera y las astas de venado y con las púas de diferentes plantas fabricaban raspadores, navajas y puntas de flecha que empleaban para la caza y también como arma ofensiva.

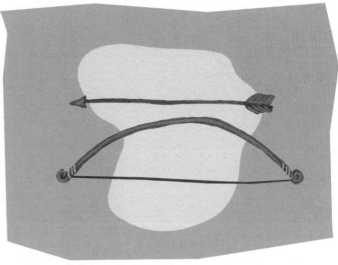

LA CAZA DE PATOS

Los pueblos asentados a la orilla de la laguna gozaban de abundancia de pescado y patos para su sustento. Para atraparlos se valían de flecha y arco, pero también de un truco efectivo: cubrían su cabeza con una calabaza redonda que sólo tenía dos orificios para ver y se zambullían en el agua. Cuando los patos se sentían confiados con al presencia extraña, se acercaban lentamente y los atrapaban. Incluso dejaban las calabazas sobre el agua para engañar a sus presas.

Llevaban el pelo largo y recortado en la frente, y usaban una tira de piel para mantenerlo en su lugar. Los hombres andaban completamente desnudos, o con un ceñidor de piel o fibras en la cintura, del que colgaba un taparrabo y una bolsa que usaban para guardar alimentos y algunos utensilios. Las mujeres usaban un ceñidor, del que por delante colgaba un delantal que les llegaba a las rodillas, y por la parte de atrás otro que bajaba hasta los talones; llevaban el torso desnudo.

Algunas tribus usaban una falda de cuero o piel y una especie de blusa. Para las fiestas se ataviaban con faldines bordados con caracoles, pequeñas piedras o carrizos, pues les gustaba el sonido que hacían al caminar; en invierno se cubrían con prendas de piel de venado. Estas tribus se protegían los pies con sandalias y a veces usaban chaparreras enredadas en el antebrazo izquierdo; también acostumbraban utilizar una tira de piel, a la que llamaban batidor, con la que se protegían del roce de la cuerda del arco.

Unos se adornaban con pintura untada
sobre el cuerpo; otros, además, usaban collares
y brazaletes elaborados con caracoles de agua
dulce o conchas marinas que obtenían en los
intercambios con pueblos del golfo de California
y del Pacífico.

Algunas tribus eran monógamas y otras,
polígamas; el matrimonio era voluntario y podía
disolverse en cualquier momento; sólo bastaba
que las parejas se separaran.

Los hombres cazaban, luchaban cuando había guerra y protegían a la familia. Las mujeres conseguían y preparaban los alimentos, cuidaban a los niños, elaboraban la indumentaria y buscaban la leña, entre otras actividades.

Como otros pueblos norteños, creían en espíritus sobrenaturales tanto buenos como malos: los dioses eran los buenos y los demonios eran malvados. Creían que una persona se enfermaba porque estaba poseída por un espíritu maléfico, y la forma de curarla era a través de exorcismos y del uso de plantas medicinales.

Alazapas

ESTE GRUPO VIVÍA DESDE EL NORTE DE LA ACTUAL CIUDAD DE MONTERREY
HASTA LAS MÁRGENES DEL RÍO BRAVO. SUS COSTUMBRES ERAN
MUY PECULIARES Y CERCANAS A LO QUE EL DÍA DE HOY CONSIDERAMOS
COMO SALVAJISMO. PERO ES NECESARIO ENTENDER QUE EL ENTORNO
EN EL QUE VIVÍAN NO AYUDABA MUCHO PARA QUE ESTOS GRUPOS
LOGRARAN UN MAYOR GRADO DE DESARROLLO.

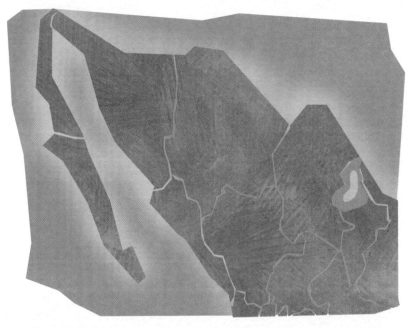

Los alazapas no barrían sus casas y caminaban entre las inmundicias, pues no les molestaba el mal olor; si se bañaban, lo hacían más por refrescarse que por higiene. Los hombres andaban desnudos y sólo se protegían los pies de las espinas y los guijarros con unas suelas atadas con correas, llamadas cacles.

Les gustaban mucho las tunas, que comían asadas o al natural, también se alimentaban de mezquite fresco o seco, un árbol muy resistente a los climas desérticos, comían capulines, semillas de la vaina del ébano llamadas maguacatas, los frutos del árbol anácuas, flor de pita y una gran variedad de raíces. La carne de venado era su preferida.

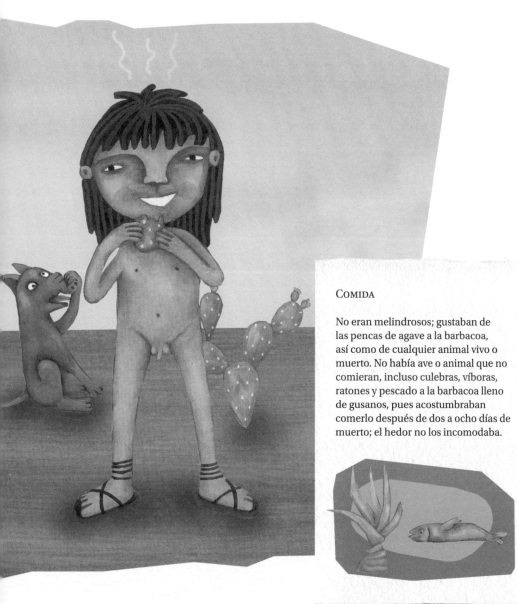

Comida

No eran melindrosos; gustaban de las pencas de agave a la barbacoa, así como de cualquier animal vivo o muerto. No había ave o animal que no comieran, incluso culebras, víboras, ratones y pescado a la barbacoa lleno de gusanos, pues acostumbraban comerlo después de dos a ocho días de muerto; el hedor no los incomodaba.

Disfrutaban mucho de las fiestas o mitotes, que celebraban en cualquier ocasión que se les presentaba. Con este fin recolectaban frutas y cazaban animales para hacerlos en barbacoa. En esas fiestas, que podían llegar a ser muy salvajes, tomaban una bebida hecha de peyote que los dejaba inconscientes. Para reanimarlos se utilizaban unos peines hechos de dientes muy finos con que les arañaban todo el cuerpo.

BAILES O MITOTES

Hacían una o dos ruedas y empezaban a bailar: codos salidos, espaldas agachadas y pies tan juntos que barrigas y nalgas chocaban durante seis u ocho horas cantando palabras, ideas sin sentido pero al unísono.

Como instrumentos musicales usaban sonajas cubiertas de calabaza o guajes secos con muchas perforaciones y con pequeñas piedras dentro, y un trozo de palo con rayas o ranuras profundas, que tallaban con otro palo más delgado; también tocaban unas flautas de carrizo.

Cuando los indios deseaban casarse, entregaban a su futuro suegro una piel de venado a cambio de la novia, y cuando querían separarse de su mujer, únicamente la despojaban de la piel o la falda que la vestía y la rechazaban. Tanto los hombres como las mujeres podían cambiar de pareja varias veces. Entre los integrantes de las familias no había respeto, incluso se golpeaban unos a otros o se burlaban entre sí.

Para asistir a las fiestas, se embadurnaban la cabeza con sebo o almagre, y tanto hombres como mujeres se pintaban el rostro o todo el cuerpo. Algunas tribus se pintaban figuras de sapos, víboras y otros animales, sobre todo cuando iban a pelear, pues creían que éstos los protegerían y los harían más temibles.

ADORNOS

Cuando se trataba de iniciar una sangrienta guerra por un conejo o el más poderoso reino, buscaban barro de diferentes colores, abundantes en esas tierras, y lo embarraban en sus cuerpos para pintarse víboras, sapos y otros animales, y cabezas de plumas de varias aves, con lo que causaban temor a quienes los veían, pues eran tan feroces como los animales que pintaban en ellos.

Estos indios eran muy supersticiosos. Para evitar ser hechizados, juntaban y escondían los desperdicios de sus comidas, y si soñaban que iban a morir, a la mañana siguiente mataban a alguno de sus hijos, para que el sueño no se hiciera realidad. Había curanderos o hechiceros charlatanes que chupaban la parte enferma del cuerpo de la que fingían sacar algún carboncillo, piedra o hueso, que antes se habían metido a la boca.

Entierros

A algunos de los muertos decidían no comérselos;
entonces los enterraban y sobre ellos sembraban
nopales para evitar que algún animal los desenterrara.
A otros los quemaban y enterraban sus cenizas,
mientras la viuda se arrancaba los cabellos hasta
cerca de la coronilla en señal de luto.

63

Pimas, pápagos y seris

Los pimas vivían en una región llamada Pimería, que se enmarca en el norte del desierto de Sonora, desde la Sierra Madre Occidental en el oriente hasta el desierto de Altar y el río Colorado hacia el poniente, y desde el valle de Magdalena y el alto río San Miguel en el sur hasta el río Gila en el norte.

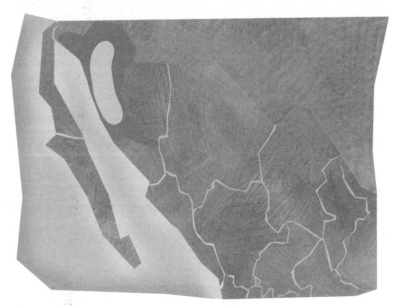

Los indios que habitaban en el desierto adaptaron sus técnicas de recolección y agricultura a un ambiente más cálido y seco. Practicaban una agricultura de temporal, esto es, que dependía de las temporadas de lluvias, a la que complementaban con la caza y la recolección de plantas silvestres como el agave, el nopal y el frijol tépari, la péchita o vaina de mezquite, el fruto de diversas cactáceas, el saguaro, la pitahaya, el nopal y una gran variedad de raíces.

LOS PIMAS DEL NORTE Y LOS PIMAS DEL PONIENTE

"El genio especialmente en los del norte es altivo, soberbio y se reconoce aun en el espíritu y bizarría con que hablan, razón porque tienen y estiman en poco a los del poniente y verdaderamente que éstos por más apagados o por algún otro motivo reconocen en aquellos alguna superioridad y los miran con especial respeto que no llegando a sujeción se queda en puro reconocimiento de que nace la oposición con que antiguamente competían peleando y actualmente en el manejo de las armas y carrera, regularmente llevan a ventaja y ganan las apuestas a los del norte, y en el juego de correr y arrojar con el pie un palo casi redondo que llaman el guaquimari, salen dos parcialidades cada una tirando su palo de un puesto, y a un mismo tiempo y corriendo tres leguas la que antes da vuelta y llega al puesto donde de primero salieron, gana la apuesta a la que quedó atrás. Usan otro juego que llaman patole con cuatro cañitas rajadas y rayadas, de un jeme de largo y las botan sobre una piedra para que salten y caigan la suerte de cada uno en el que son las rayas y el primero que llega al número determinado gana; usan bailar todos en rueda cantando y gritando y si es de algún triunfo o muerte que a sus enemigos han hecho, ponen la cabellera o algún miembro del muerto en un palo en el centro del baile y plaza."

Descripción del Padre Velarde en Mateo Mange, *Luz de tierra incógnita*.

65

Los pimas no eran idólatras, pero sí tenían diversas supersticiones y creencias. Por ejemplo, tomaban una langosta de la cabeza y le preguntaban por dónde venía el enemigo; el animal movía las patas intentando liberarse, y los indígenas interpretaban ese movimiento como una respuesta.

Varios episodios de su vida, como el nacimiento, la búsqueda de pareja o la muerte, estaban sujetos a algunos ritos muy específicos que mostraban cierto grado de desarrollo, si se comparan con las costumbres de otros grupos menos estructurados. Los pimas tenían la costumbre de picar con espinas los párpados de los recién nacidos, formando alrededor de sus ojos un dibujo, que después cubrían con una sustancia negra para realzar su belleza.

LA AGUDEZA DE LOS SENTIDOS

Poseían una vista increíble; eran capaces de descubrir un venado oculto en algún cerro y seguirlo hasta atraparlo o encontrar un panal siguiendo una abeja sólo con la vista, sin importar la distancia. También tenían un oído aguzado; podían pegarlo a la tierra y reconocer las pisadas de quienes se acercaban, aunque vinieran de muy lejos.

La ceremonia del matrimonio consistía en formar una hilera de muchachos y otra de muchachas; al darse una señal, las jóvenes empezaban a correr, y al darse una segunda señal, los varones iniciaban su persecución hasta alcanzarlas; así quedaba confirmado el enlace.

Los pimas enterraban a los difuntos con todas sus pertenencias y con una ración de pinole y ollas de agua para su viaje al más allá. Cuando moría un recién nacido, las madres arrojaban en la tumba la leche que sacaban de sus pechos durante varios días seguidos.

LA OBSERVACIÓN DE LOS ASTROS

Eran capaces de pronosticar cuándo llovería, habría tormentas o algún otro fenómeno meteorológico, gracias a su gusto por los astros; dormían al aire libre y estaban muy acostumbrados a mirar el cielo e interpretarlo.

Otra tribu, los llamados pápagos vivían diseminados en pequeños pueblos en la región noroeste de Sonora. El término pápago significa "gente frijolera". Ellos se nombraban a sí mismos *tono-ooh' tam*, que significa "gente del desierto".

Establecían plantíos estacionales de frijol tépari y otros cultivos, aprovechando las bocas de los arroyos que se formaban durante la temporada de lluvias en el verano.

Andaban desnudos, comían carne y tenían una organización social muy primitiva. Como eran gente pacífica, los pimas los dominaban fácilmente y se servían de ellos.

Hace poco más de ciento cincuenta años, cuando la frontera entre México y Estados Unidos se redefinió, porque nuestro país perdió una importante extensión de su territorio, el espacio en el que este grupo indígena vivía quedó exactamente a la mitad entre un país y otro.

Acostumbrados a vivir como una tribu, los pápagos de pronto se vieron divididos entre dos nacionalidades. Curiosamente, el trato que en ese momento dieron los estadounidenses a estos indígenas fue mejor que el de los mexicanos, por lo que muchos pápagos decidieron irse hacia ese país. Los que se quedaron en México se asentaron en rancherías en el ex distrito de Altar, en Sonora. El resto se quedó a vivir en Arizona, junto a la línea fronteriza.

Seris significa "el que corre muy rápido" o "el que llega sin cansarse". Este grupo estaba formado por nómadas que vagaban por la planicie costera de Sonora y en las islas Tiburón y San Esteban, recolectando frutos silvestres y raíces, y practicando la pesca y la caza. Cuando acampaban en la playa, se dedicaban a pescar caguamas o tortugas marinas desde sus canoas, utilizando arpones primitivos.

Las mujeres se vestían con faldas y blusones de mangas largas, de colores vistosos, y los hombres se adornaban la cara. Los seris eran una tribu aguerrida, incluso después de la conquista. Solían incurrir en los ranchos y robar el ganado de sus vecinos. Estos actos, que pueden parecer salvajes, se deben a la organización social de los seris que se basa en las relaciones familiares.

Dentro de su sociedad se permitía que cualquiera entrara a la casa del otro para tomar comida o lo que le hiciera falta. A esta actividad se le llamaba *quiimosim* y no se consideraba un robo, sino más bien una manera de compartir entre todos lo que el pueblo tenía.

ORGANIZACIÓN SOCIAL

Compartían todos la misma lengua; desde la zona norte, la más próspera y bonita, hasta la parte baja, así como las costumbres de compartir todo lo que tenían. No tenían ley, ni gobierno, vivían libres, guiados sólo por algún indio que les indicaba los tiempos de caza o cuando iniciar la guerra contra naciones enemigas.

Este estilo de vida chocó con el tipo de sociedades que los españoles tenían, y aquella manera de compartir se consideró entonces como un robo. Sin embargo, los seris mantuvieron esas reglas dentro de sus comunidades, y gracias a ello, han podido sobrevivir hasta hoy. Los seris son de los pocos grupos que han logrado aumentar su número de habitantes, en vez de reducirse que es lo que sucedió con la gran mayoría de los grupos indígenas en América.

En la actualidad, los seris habitan principalmente en las poblaciones de El Desemboque, municipio de Pitiquito, y Punta Chueca, municipio de Hermosillo, en la costa de Sonora.

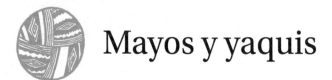

Mayos y yaquis

El respeto para los indígenas mayos era tan importante que ellos se llamaban a sí mismos *Yoreme*, que significa "el que respeta". Tal vez por eso a los conquistadores españoles les costó tanto trabajo la invasión de estos pueblos. Fueron varias las campañas militares realizadas, y todas tenían el mismo resultado: el fracaso.

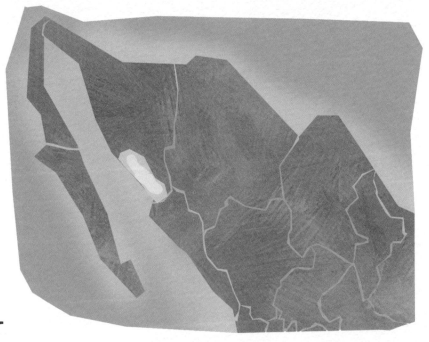

Los mayos habitaban en el suroeste de Sonora. Eran gente pacífica y laboriosa que se dedicaba a sus cultivos y al trabajo doméstico y artesanal. En general, sus creencias religiosas, organización política y social, formas de vida y costumbres eran semejantes a las de los yaquis.

72

JUEGO DEL HULE

"Otro juego tienen que le llaman hule, y para él buscan
una llanura de tres o cuatro leguas: ponen una pelota en
la tierra, y habiendo tantos compañeros de una parte como
de otra, señalan el término hasta donde le han de llevar
los que más pudieren, cogiendo dos contrarios rumbos y
con unos palos de encino que llaman chuecas, comienzan
a dar en la pelota muchos golpes, unos por una parte y otros
por otra, y como sucede que habiendo caminado como
dos leguas por un rumbo, los contrarios la rechazan y le
hacen descender lo adquirido, suelen dejar señalado el sitio
donde quedó la pelota para otro día y suele durar algunos
días hasta que los más diestros la ponen en el sitio señalado,
quedando molidos y hechos pedazos del ejercicio y
de la maleza y espinas que encuentran en el camino,
apostando en este juego lo que tienen."

José Arlegui

LOS NAHUALES

Después del nacimiento de sus hijos
se reunía toda la familia para beber
y celebrar; después llevaban al recién
nacido a las orillas del río, lo sumergían
varias veces y señalaban a un animal
del aire, la tierra o el agua para que
se convirtiera en su nahual y lo cuidara
y protegiera por el resto de su vida.

Los mayos eran aguerridos y conocían bien
su territorio. El intento de conquistarlos duró
más de sesenta años, y no se logró hasta que
los españoles cambiaron de estrategia y enviaron
a los religiosos jesuitas para su pacificación y
evangelización. El convencimiento no armado
tuvo más efecto que la violencia. Pero esto
no significó que los mayos aceptaran el
nuevo orden español por completo.

74

Durante los años siguientes este grupo indígena se levantó una y otra vez contra los conquistadores. Incluso varios siglos después, cuando tuvo lugar la independencia de México, los mayos volvieron a levantarse, ahora en contra del gobierno de la nueva nación libre, con el apoyo de los indígenas yaquis.

CASAMIENTOS

Algunos compraban a su mujer con un vecino enemigo, y daban por ella un arco y una flecha; otros pedían al futuro suegro cortejar a la novia durante mucho tiempo, hasta que ella lo despedía o finalmente se casaban. Sin embargo, lo común era cazar un venado y llevarlo hasta la puerta de la pretendida; si el padre y la muchacha lo recibían se casaban; si en cambio dejaban que se pudriera la carne, era señal de que no concedían a la doncella.

Los mayos actualmente viven en el Valle del Fuerte, en Sinaloa, y en el Valle del Mayo, en Sonora.

Los yaquis tradicionalmente ocupaban un territorio que se extendía por una larga franja costera y un valle al sureste del estado de Sonora, desde la ribera sur del río Yaqui hasta el cerro Tetakawi, al norte de la actual ciudad de Guaymas.

Construían sus casas con varas que hundían en la tierra y entretejían y ataban con bejucos. Forraban las paredes con barro y cubrían las habitaciones con madera. Las mujeres vestían enaguas de algodón y fibra y los hombres usaban un taparrabo del mismo material; también usaban tocados de plumas y huaraches de pieles crudas y adobadas. Vivían del cultivo del maíz, frijol, calabaza, algodón y otras semillas, así como de la caza, la pesca y la recolección de insectos y frutos silvestres.

ADORNOS

Hombres y mujeres gustaban de adornarse las orejas con hilos de algodón azul, además de perforarlas y colgarse algún dije; también taladraban, desde niños, la ternilla de su nariz, donde acostumbraban colgarse una esmeralda.

EL ARCO Y LA FLECHA

"Preferían, para el arco, la raíz del mezquite, por fuerte y flexible. Lo hacían del tamaño de quien había de usarlo. De fibra de lechuguilla torcían la cuerda. Las flechas eran del largo de media braza del tirador. Las hacían de carrizo fino y consistente, curado al fuego. En un extremo llevaban una ranura para apoyar en la cuerda, a la vez que tres o cuatro plumas cortas, adheridas con cierta pegadura que preparaban de raíces o camotes de *tzauctli*, o atadas con nervios de venado. Por el otro extremo metían un trozo de vara tostada, hasta topar con el primer nudo del carrizo.

Además de ajustar perfectamente, la ataban o pegaban con el mismo procedimiento. En la punta de esta vara hacían otra incisión en la cual ligaban o pegaban el dardo de piedra.

Llevaban cubriéndoles todo el antebrazo izquierdo, una tira de cuero de coyote u otro animal, en cuatro o más dobleces, que llamaban batidor. A la vez que los protegía del roce de la cuerda del arco, les servía para esquivar golpes, a manera de rodela o escudo. En los pliegues de la parte superior del batidor cargaban una fina hoja de pedernal, de dos filos, sujeto con el mismo pegamento o con ligaduras, a una empuñadura de palo que también les servía de hacha.

Solo atacaban si advertían poca resistencia en el enemigo. Si lo consideraban superior, optaban por ponerse a salvo entre los breñales."

Israel Cavazos Garza, "Nuevo León" en *Visión histórica de la frontera norte*.

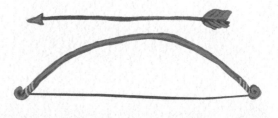

Sus armas, como las de todos los pueblos norteños, eran el arco y la flecha, pero además utilizaban escudos y macanas.

En medio de un entorno tan seco y duro como el territorio sonorense en el que vivían, los yaquis sabían aprovechar al máximo los recursos. Por ejemplo, de la planta de mezcal extraían miel, vino y vinagre; de la penca sacaban hilo, pita y usaban las puntas como agujas. Además cortaban la planta con todo y tronco y la echaban a un agujero con piedras calientes para que se asara, y tapaban el hoyo con ramas y tierra. Después de un rato, sacaban las pencas ya blandas y dulces y las comían como dulce en conserva.

Además de todo lo anterior, también se alimentaban de tuna, pitahayas y las péchitas del mezquite, que molían para preparar una bebida dulce. Complementaban su alimentación con la cacería y la pesca.

Como otros pueblos de la Gran Chichimeca, los yaquis elaboraban bebidas embriagantes que tomaban para celebrar diversos acontecimientos, como la victoria en la batalla o el inicio de la guerra. En estos casos acostumbraban enviar tabaco a otras tribus, dentro de unas cañitas, invitándolos a participar en alguna campaña bélica.

Los yaquis, como los mayos o el resto de los grupos indígenas que habitaron y aún hoy habitan el norte de México, supieron aprovechar los pocos recursos naturales que su ambiente les ofrecía. Varias de sus costumbres podían parecer rudas o violentas, pero es importante comprender que esto se debía, en buena medida, a su entorno que difícilmente les permitía desarrollarse como lo hicieron otros pueblos indígenas que vivían en lugares con mayores recursos, alimentos, agua y tierras más pródigas.

Sin embargo, aquellas difíciles condiciones orillaron a estos grupos a obtener una gran ventaja: la enorme capacidad de sobrevivencia, por la que muchos existen hasta el día de hoy. De la misma manera, su condición de nómadas los mantuvo separados de otras sociedades indígenas, incluso de los conquistadores y esto, a la larga, les permitió perdurar como grupos originales que al día de hoy representan una gran fuente de información viva para los historiadores, que en muchos otros casos se perdió.

Cronología

12000 a. C. ± 7500 a. C.	Los primeros pobladores de la región viven durante los últimos tiempos del Pleistoceno.

5000 a. C.	Se desarrolla una "cultura del desierto" en el suroeste de Estados Unidos, primero, y en el norte de México, después.

500 a. C. — Inicia la colonización mesoamericana del norte.

500 a. C. - 1000 d. C. — Periodo temprano de la cultura mogollón.

Alrededor de 9000 a. C. — Se extinguen animales como el mamut, el caballo y el camello.

Alrededor de 5500 a. C. — Inicia el periodo Arcaico, durante el cual se comienza a experimentar con el cultivo.

200 - 500 — La aparición de la cerámica marca el fin del periodo Arcaico en el noroeste.

200 - 1300 Desarrollo de
la cultura anazasi.

1150 - 1200 Los chichimecas que
llegan al centro de México
son "civilizados" por
los mesoamericanos.

1200 - 1400 El desarrollo de las sociedades
prehispánicas del noroeste
alcanza el mayor nivel de
complejidad social y política.

**Alrededor
de 1340** La ciudad de Paquimé
sucumbe ante los ataques
de grupos enemigos.

300 - 1450 Desarrollo de
la cultura hohokam.

1300 - 1400 Los mesoamericanos
abandonan la Gran
Chichimeca.

1540 - 1542 Francisco Vázquez de
Coronado encabeza la primera
expedición española en tierras
de la Gran Chichimeca,
en busca de las
míticas ciudades
de Cíbola y Quivira.

700 ± 750 Inicio de
la cultura paquimé.

800 - 1500 Periodo tardío
de la cultura mogollón.

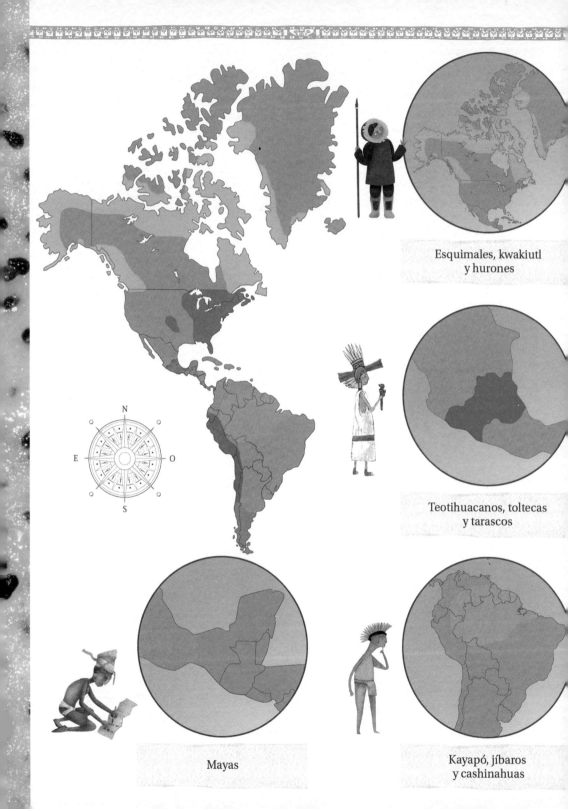

Esquimales, kwakiutl
y hurones

Teotihuacanos, toltecas
y tarascos

Mayas

Kayapó, jíbaros
y cashinahuas

Iroqueses, cheroquís
y sioux

Ópatas, tarahumaras,
yaquis y seris

Mexicas

Olmecas, zapotecos
y mixtecos

Incas

Mapuches

Bibliografía

 Arlegui, José, *Crónica de la provincia de N. S. P. S.*
Francisco de Zacatecas, reimp., México, Cumplido, 1851.

Braniff C., Beatriz (coord.), *La Gran Chichimeca. El lugar*
de las rocas secas, México, Conaculta / Jaca Book, 2001.

 León, Alonso de, *Historia de Nuevo León, con noticias sobre*
Coahuila, Tamaulipas, Texas y Nuevo México; escrita
en el siglo XVII, Israel Cavazos Garza (estudio preliminar y notas),
Monterrey, Gobierno del Estado (Biblioteca de Nuevo León, 1), 1961.

Mange, Juan Mateo, *Luz de tierra incógnita en la América*
septentrional y diario de las exploraciones en Sonora, México,
Talleres Gráficos de la Nación (Publicación del Archivo
General de la Nación, t. 10), 1926.

 Marie-Areti Hers *et al.* (eds.), *Nómadas y sedentarios*
en el norte de México. Homenaje a Beatriz Braniff, México,
Instituto de Investigaciones Estéticas de la UNAM, 2000.

Pérez de Ribas, Andrés, *Historia de los triunfos de N. S.*
Fe entre las gentes más bárbaras y fieras del Nuevo Orbe:
conseguidos por los soldados de la milicia de la Compañía de Jesús
en las misiones de la Nueva España, México, Editorial Layac, 1944.

 Piñera Ramírez, David (coord.), *Visión histórica*
de la frontera norte, Baja California, Instituto de
Investigaciones Históricas de la UNAM / Universidad
Autónoma de Baja California, 1987.

Powell, Philip W., *La guerra chichimeca, 1550-1600*,
México, FCE (Obras de Historia), 1996.

Radding, Cynthia, *Entre el desierto y la sierra:*
las naciones de o'odham y tegüima de Sonora, 1530-1840,
México, CIESAS / Instituto Nacional Indigenista, 1995.

Santa María, Guillermo de, fray, *Guerra de los chichimecas.*
México, 1575-Zirosto, 1580, Alberto Carrillo Cázares
(ed. crítica, estudio introductorio, paleografía y notas),
2ª ed., Zamora-Guadalajara-San Luis Potosí, El Colegio
de Michoacán / Universidad de Guadalajara /
El Colegio de San Luis (Fuentes), 2003.

Tello, Antonio, fray, *Libro primero de la Crónica miscelánea,*
en la que se trata de la conquista espiritual y temporal de
la santa provincia de Xalisco en el Nuevo Reino de la Galicia
y Nueva Vizcaya y descubrimiento del Nuevo México,
México, Porrúa (Biblioteca Porrúa, 116), 1997.

Torquemada, Juan de, fray, *Monarquía indiana*,
Miguel León-Portilla (selec., introd. y notas), 3ª ed.,
México, UNAM, Coordinación de Humanidades
(Biblioteca del Estudiante Universitario, 84), 1995.

Torres Rodríguez, Antonio, *Centzuntli. Pueblos y*
pobladores indígenas de Centroamérica, México y Caribe,
en http://www.centzuntli.blogspot.com/

Ópatas, tarahumaras, yaquis y seris

Los indígenas de Aridoamérica

terminó de imprimirse en 2018
en los talleres de Edamsa Impresiones, S. A. de C. V.,
Avenida Hidalgo 111, colonia Fraccionamiento
San Nicolás Tolentino, delegación Iztapalapa,
09850, Ciudad de México.
Para su formación se utilizó la familia Utopia
diseñada por Robert Slimbach en 1989.